WAQT BE-WAQT JAB TERI YAAD AAYI

AKSHAY K GUPTA

Copyright © Akshay k gupta
All Rights Reserved.

This book has been self-published with all reasonable efforts taken to make the material error-free by the author. No part of this book shall be used, reproduced in any manner whatsoever without written permission from the author, except in the case of brief quotations embodied in critical articles and reviews.

The Author of this book is solely responsible and liable for its content including but not limited to the views, representations, descriptions, statements, information, opinions and references ["Content"]. The Content of this book shall not constitute or be construed or deemed to reflect the opinion or expression of the Publisher or Editor. Neither the Publisher nor Editor endorse or approve the Content of this book or guarantee the reliability, accuracy or completeness of the Content published herein and do not make any representations or warranties of any kind, express or implied, including but not limited to the implied warranties of merchantability, fitness for a particular purpose. The Publisher and Editor shall not be liable whatsoever for any errors, omissions, whether such errors or omissions result from negligence, accident, or any other cause or claims for loss or damages of any kind, including without limitation, indirect or consequential loss or damage arising out of use, inability to use, or about the reliability, accuracy or sufficiency of the information contained in this book.

Made with ♥ on the Notion Press Platform
www.notionpress.com

Introduction

Kya kabhi bhi hum poora sach kehne ya likhne ke liye tyaar ho sakte hain yaa fir koi na koi baat humesha kehna yaa likhna baaki reh hi jaati hai. Yeh kitaab bhi shayad aisi hi kuch adhoori baaton ka ek adhoora sa hi sangrah hai jismei wo saari baatein kar di hain meine jo shayad seedhe seedhe bolne hi himmat kabhi nahi hogi mujh mein.

Zindgi kisi ko discount nahi deti agar yahan aaye ho toh jitna sukh milega utna hi dukh ka quota bhi poora karna padega, jitna pyaar milega shayad utni hi nafrat ka saamna bhi karna padega, par yahi khoobsurati bhi hai iss zindgi ke baare mein ki yeh adhoora nahi rehne deti tumhe aakhir tak bhi.

I really do hope aap iss kitaab se kuch baatein zaroor lekar jayenge jo aapko zindgi ke baare mein sochne par zaroor majboor kar dengi.

A.

Usse aankh bhar ke dekha hai

Meine usse aankh bhar ke dekha hai,

Jab wo apni safeed scooty mein poori tezi se daftar aati thi,

Jab wo halka sa muskura kar saari baatein samjhati thi,

Jab wo apni julfon ko peeche le jaati thi,

Jab wo naachti thi baarish mein hoke mast malang,

Jab uski khushbu mere badan se nahi jaati thi,

Jab uski hasi mere chehre par chipak ke reh jaati thi,

Jab uske baal kholne se dil mera baith jaata tha,

Jab uske pyaar jatane se dhadkan meri tham jaati thi,

Jab wo roti thi toh aankhein kuch meri bhi nam ho jaati thi,

Jab wo gaati thi toh maano saari duniya chup ho jaati thi,

Uss har dafa jab wo meri hua karti thi,
Meine dekha hai usse aankh bhar ke.

A.

Dil se likha hai dil ke liye

Sab kehte hain meri aankhon mein unhe tum dikhti ho,

Par aankhein bayan wahi karti hain jo dil mein hota hai,

Yeh kab hua yeh kaisa hua sab puchte hain mujhse,

Yeh jawab toh mere paas bhi nahi hai,

Kyunki tumhe ek ehsaas ki tarah jeeya hai meine jisse mehsoos toh kar sakta hoon par bayan nahi,

Tum jab paas nahi hoti toh yeh dil zor zor se tumhe pukaarta hai aur jab paas hoti ho toh seham kar reh jaata hai,

Mere sochne ke tareeke se lekar mere baat karne ke dhang tak mein ab tumhara ek asar sa dikhne laga hai,

Kyunki main janta hoon mai akela nahi hoon mera bhi haath kar ab koi chalne laga hai.

A.

Jo kismat wale hain unhe pyaar hua hai,

Jo khush kismat hain unka dil toota hai,

Aur jin par khuda ki reham hai unhe ik baar firse pyaar mila hai.

Uska saath dena tum

Pyaar usse beshumar karna tum,
Uss par haq bhi jatana toh kabhi uske haq jatane ki wajah bhi ban jaana tum,
Usse apni manwa bhi lena aur kabhi hi sahi par uski maan bhi lena tum,
Uski galtiyon par daatna usse par uski niyat par kabhi shaq mat karna tum,
Wo bhi insaan hai usse bhi darr lagega wo batayega nahi bhi toh tum samajh lena fir uska haath thaam kar chalna tum,
Utaar chadaav toh dekho kai aayenge kabhi saath uthogi uske toh girne mein bhi uska saath dena tum,
Issi saath mein hasne-rone, girne-uthne, ruthne-manane aur maan jaane ko ishq kehte hain,Aur iss safar ko rishta.

A.

Meri samajh mein musafir do tarah ke hote hain,

Ek jo manzil ki talaash mein hote hain,

Aur ek jinhe manzil mil chuki hoti hai.

Jo manzil ki talaash mein hain unke liye kuch nasihat hai,

Aur jinhe manzil mil chuki hai unse kuch sawaal kiye hain.

Teri manzil tere intezaar mein hai

Bastaa utha aur chal pad raahi,
Teri manzil tere intezaar mein hai,
Milta chal saath ke musafiron se,
Haste haste yeh rashta bhi kat jayega,
Teri manzil tak pahuchne mein tujhe padaav toh kai aayenge,
Kuch haske guzar jayenge toh kuch rula kar yaadein de jayenge,
Likhta chal apni kahani ko aur rakhta chal sahej kar unn panno ko apne baste mein,
Kyunki ek din teri kahani par ek kitaab chapegi,
Usmei kisse toh tere honge par aankhein nam sabki hongi,
Toh bastaa utha aur chal pad raahi,
Teri manzil tere intezaar mein hai.

A.

Zindgi ki thodi aur kadr karo

Kabhi aisa hua hai tumhare saath ki laga jaise bheed mein bhi akele khade ho,

Saari duniya ki hasratein kadmon par hain magar dil par zakhmon ke siwa aur kuch bhi nahi,

Jo kuch log azeez the unke peeche choot jaane ka kabhi khulkar gam kiya hai,

Laga tha na ki shauhrat, kamyabi aur daulat se sab khareed loge par uss beshkimati mann ke sukoon ki kami ko kabhi mehsoos kiya hai,

Zindgiyaan nikal jaati hain hisaab rakhte rakhte acche-bure waqt ka, sahi-galat faislon ka, kuch mile-kuch bichad chuke logon ka,

Par waqt kabhi nahi rukta,

Aur peeche mud kar dekhne ko sirf adhoorey toote hue sapne, rishtey aur yaadein reh jaati hain.

A.

❧❧❧

Shayad hum mei se koi perfect nahi hai

*Hum sabke andar har ek insaan ke andar dheron dher
kamiyaan hain,*

*Par iske baad bhi aage badhte rehna, accha kaam karte
rehne ke alawa hamare paas shayad hi koi aur option hota
hai life ko lead karne ka.*

*Ek akela insaan chahe wo koi bhi ho tez toh akela jaa sakta
hai zindgi mein kuch door tak,*

*Par lamba jaane ke liye har ek ko kisi na kisi ke saath ki
jarurat padti hi hai.*

*Ladkon ne apne pyaar jatane ke tareeke shayari mein, mehfil
mein zamane ko khoob bataye hain.*

*Par ek ladki ki taraf se likhne ki koshish ki hai kuch sabdh
jo shayad bayan kar sake ki jitni humei unki jarurat hai
shayad utni hi jarurat wo bhi mehsoos karti hain hamari.*

Mujhe jarurat hai tumhari

Mujhe jarurat hai tumhari,

Mere saath khade reh kar,

Mera haath thamne ke liye,

Bina mujhe kisi bhi bandishon mein bandhe,

Mujhe jarurat hai tumhari,

Uss har kadam par jahan main janti hoon,

Yeh duniya mujhpar aitbaar nahi karegi,

Par tum zaroor karoge,

Mujhe jarurat hai tumhari,

Tumhara humsafar banne ke liye,

Jis bhi mod par tum akele padoge,

Mujhe jarurat hai tumhari,

Uss har rashte ke khatam ho jaane par,

Jahan se aage ke safar ke liye,

Sirf ek agla kadam hi dikhta hai,

Uss har agle kadam ko main tumhare saath rakhna chahti hu,

Aur yeh iss safar ka ant nahi hai,

Kyunki mujhe jarurat hai tumhari,

Hamare safar ke aane wale,

Har lamhe, jazbaat aur kisse ko,

Lafzon ki shakl mein maayne dene ke liye,

Mujhe jarurat hai tumhari.

Uska call aa chuka tha mujhe ki tum kahan ho mai yahan rooftop café ke neeche wale floor mein tumhara intezaar kar rahi hoon, agar tum 5mins mein nahi aaye toh main nikal jaungi yahan se bata rahi hoon.

Hum ek hi seher se the par pichle 3 saal mein hum kabhi apne seher mei akele nahi mile kahin bhi. Main uske liye rose khareedne gaya hua tha wahin mujhe thoda waqt lag gaya aur shayar toh shayar usse kahan intezaar hota hai kabhi, uske calls aana chalu ho chuke the.

Der saber main wahan jaise taise pahucha aur usse rose diya, usne uss rose ko apni gaadi ki diggi mein daal diya aur hum upar chale aaye rooftop pe, ek dusre ko aamne samne dekhe hue itna waqt beet gaya tha ki meine bina kuch soche samjhe usse gale laga liya.

Accha hua wahan sirf hum dono hi the par sach kahu toh wahan agar jyda log bhi hote toh bhi shayad main wahi karta.

Mujhe nahi pata par thode waqt baad wo thodi asahej hogyi thi aur hamari 5mins ki date chal hi rahi thi ki uski ek dost bhi wahi aagyi aur usne bhi humei join kar liya.

Wo shaam jaise jaise aage badhi waise waise mujhe lagne lag gaya tha ki kuch toh badal raha hai hamare beech.

Mulaqat wo hamari akhiri hogi
Yeh kisne socha tha,
Uss rangeen shaam ke baad meri har shaam berang hogi
Yeh kisne socha tha,
Uss shaam milne nahi bichadne aai thi wo
Mera ishq bhi kabhi itna kamzor padega
Yeh kisne socha tha.

Har ek ki zindgi mein aisi ik shaam aati hi hai,

Jahan se uski poori zindgi badal jaati hai, shayad yeh baat bahut baad mein jaa kar samajh aati hai.

Uss shaam ke mehaz 20 dino baad hum alag ho chuke the, mujhe nahi pata kya badla hamare beech par ek alag shayar ko dekha meine jo meri shayar se bilkul hi alag thi, aur uss shayar ko mai nahi swikaar kar paaya aur hum for the better alag hogye.

Par uss shaam ne aage aane wale lagbhag 1 saal ke liye meri har shaam ko berang kar diya tha.

Isiliye wo shaam ta-umr mere liye khaas rahegi.

Mashoor hona

Kya hota hai mashoor hona,
Kya aisa badal jaata hai iss ek baat se ki ab log aapko aapke naam se jaante hain,
Ki ab aapko aapna parichay kahin nahi dena padta,
Mashooriyat jitna khoobsurat ehsaas hai utna hi darawana bhi,
Kyunki log mashoor toh ho jaate hain,
Par fir na mashooriyat sambhalti na hi khud ko sambhal paate hain,
Mashoor ho jaane se jyda khushi nahi aati life mein,
Yeh ek veham hi hai unke liye jinhe lagta hai,
Ki mashoor ho jaane se unki khushi mei izafa hoga,
Par aksar aisa hota nahi hai,
Aur jab tak yeh baat samajh aati hai tab tak kaafi kuch badal chuka hota hai,
Kai rishtey badal chuke hote hain,Kai humdard ab sirf jaan pehchan wale kehlaane lagte hain.

A.

Goa trip ke teesre din bonfire ka plan bana aur sab aag ke aas paas chairs laga kar baithe hi the ki ek bande ne apna guitar nikala aur anuv jain ka "Alag aasmaan" play karne laga hum sabne bhi ussi ke saath jam karna chalu kar diya, itna soulful wo gaana aur itni acchi company agar ho toh zindgi mein iske alawa aur kya hi kami hoti hai.

Duniya daari ki saari dikkatein peeche choot chuki thi, haath mein ek whisky ka glass saamne bonfire aur ek aacha gaana, upar khula aasmaan yeh saara kuch ek saath horha tha.

Tabhi ek ladki ne mujhse pucha ki aaj hi bata hi de pyaar aakhir hota kya hai, itni baar dil haar chuki hoon aur galat haathon mei de chuki hoon, galat logon par bharosa kar karke ab dil bhar chuka hai toh yaa toh pyaar jaisa kuch hai hi nahi iss duniya mein yaa fir tu samjha de ki pyaar agar hota hai kuch toh kaise sabdon mei bayan kare usse.

Meine kaha waise pyaar bahut kuch hai par pyaar ko sach mei samjhna hai toh yeh sunn lo bas abhi ke liye.

Pyaar kya hai ?

Pyaar ek ehsaas hai,
Ek ehsaas
Kisi ki anjaan ke apne ban jaane ka,
Ek ehsaas
Kisi ki baahon mein apni poori duniya ke simat jaane ka,
Ek ehsaas
Kisi ko gale laga kar usse apni saari khamiyaan bata dene ka
aur uski saari barbadiyaan apna lene ka,
Ek ehsaas
Ki tanha raaton mein bina soche ussi hi naam zehan mein
aajaye,
Ek ehsaasKi bina kabhi bina kuch bhi bole tum uske saare
sach samajh jao aur wo tumhare saare jhooth pakad le.
A.

Saccha pyaar shayad kai tareeko se bayan kiya jaa sakta hai par agar kisi khaamiyon se ishq kar baitho tum, toh shayad usse behtar kya paribhasha hogi pyaar ki, kyunki tumhari acchi baaton se saari duniya pyaar karti hai, tumhe tumhare aache par toh sab tareef denge, par akelepan mein saath dene wala koi humsafar chahiye na.

Jo na sirf tumhari kamyaabi ko dekhe par tumhari har mein bhi tumhare aage reh kar tumhara saath deta rahe, isse jyda khwahish kahan hoti hai ek insaan ki.

Pyaar karo be

Wo pyaar bhi kya pyaar hua jiske chale jaane ka gam tumne zamane mein na kiya,
Wo ishq bhi kya ishq hua jiske kisse saala pure seher mein gunje nahi tumhare,
Wo mohbaat bhi kya mohbaat hui jismei har roz bottle khatam hui nahi,
Mehfilon mein aashiqui tumne kari nahi aur aashiqui ko mehfil tumne samjha nahi,
Kya khaakh pyaar kiya be tumne,
Jismei unke jaane ke baad tum saala jee bharke roye hi nahi,
Har mushkil paar karke usse gar tum mil na sako toh jeet hai tumhare pyaar ki,
Aur wahi haar hai uske inkaar ki,
Utho yaar pyaar karne walon nafa nuksaan kal bhi tha aaj bhi hai aage bhi rahega,
Par yeh pak saaz ishq karne ki umr fir nikal jayegi,
Dil har ke pyaar karo aur agar dil toot jaaye toh usse swikaar karo,
Magar dil kholkar tamasha karo,
Dil kholkar tamasha karo.

A.

Kabhi mil baitho saath mein mere,

Wo saari adhoori kahaniyan abhi sunana tumhe baaki hai,

Waqt le aana yaa kuch pal ke liye hi chale aana,

Par aana toh uss waqt ke liye apni har ek saans ko mere naam likhwa kar aana,

Wo kya hai na bahut waqt hogya tumhari rooh se mulaqat hue,

Aur wo kya hai na bahut waqt hogya tumhe aankh bhar ke dekhe hue.

Ab main likhu bhi toh kya likhu,

Ab main kahu bhi toh kya kahun,

Kitni kamaal ho tum,

Bemisaal ho tum,

Adakara ho tum iss jahan ke saare acche ki,

Na-kaami meri saari tumhare aage be-naami si lagti hai,

Aur main jee uth-ta hoon uss har dafe,

Jab tumhari zulf mere chehre par beparwaaf girti hai.

Tumhari chavi kuch iss tarah se,
Bas chuki hai mann mein,
Ki ktini kamaal ki baat hai na,
Ab mujhe tumhe likhne ke liye,
Tumhari hi jarurat nahi padti.

Tere ghar ki galiyyon se guzarte hue,
Kab hum tere dil ke kiraayedar hogye,
Yeh pata hi nahi chala.

Meri har baat main dil se kahunga,
Tum dil se hi sunna,
Hamare rishtey mein,
Ganit ka koi kaam nahi hai.

Rooh ko chune ki khwahish rakhne wale,
Aksar jismon ki saudebaazi se parhez rakhte hain.

Sadiyon se sukhi padi iss dil ki zameen par,
Aapka yun muskurate hue aajana aisa hai,
Jaise maano khushbu si ho har jagah,
Uss mitti ki jisse mausam ki pehle ne,
Har jagah faila diya ho.

Dheere dheere hi sahi magar ishq ab kuch tez ho raha hai,
Laga nahi tha kabhi likhunga tumhe,
Par ab yeh apna andaaz-e-bayan ho raha hai,
Aur lag raha maano iss holi par,
Rang nahi tera ishq chadha hai mujh par,
Ab iss ishq ke rang ka daag aur bhi gehra ho raha hai,
Dheere dheere hi sahi magar ishq ab kuch tez ho raha hai.

Ishq par bahut hui baatein,
Aao ab ishq karke dekhte hain,
Bahut sunn inn shayaron ki shayari ko,
Aao ek shayari hum apni bhi likhte hain,
Lamhe jo humne jeeye,
Dard jo humne saha,
Yaadein jo hamari bani,
Aao iss mohbaat ke kisso ki ek kitaab likhen,
Aur ek dusre ko humesha ke liye amar karen,
Ishq par bahut hui baatein,
Aao ab ishq karke dekhte hain.

Tumhe shayad yaad bhi nahi hoga,
Par uss din jab tumne apni jhuki palkon se,
Mujhe dekh kar muskuraya tha na,
Uss ek pal se meri aaj tak zindgi ka,
Saar nikalta hai.

Kisi ke liye khud ko badalna ishq nahi hai,
Uske liye khudko behtar karna ishq hai.

Sawaal jawab sab chodh do,
Haath mera thaam kar,
Saath bas do kadam toh chal do,
Manzil milegi toh saath mein khush ho lenge,
Nahi mili toh safar mein hi dum tod denge,
Dekho baat sirf itni si hai ki,
Jeena hai toh tumhare saath,
Aur marna akele gawara nahi mujhe.

Ek waqt wo bhi tha jab ishq ke liye taras gaya tha mann,
Pyaar mein toh tha main par sach mein kahin lagta nahi tha
mann,
Jab umr khatam hui uss rishtey ki toh haal kuch behaal sa
hua,
Uth gaya vishvas pyaar se,
Badal gaya tha main,
Mujhse mil usne mujhe samjhaya,
Ki aakhir dikkat hi kya hai zindgi mein aage badhne mein,
Thodi khushi apne liye bhi dundhne mein,
Uski muskan mein kuch main apni dikkatein aise bhul gaya,
Ikraar kar diya ishq ka firse,
Dil main firse haar baitha.

Kaha se shuru karu,
Kuch samajh nahi aata,
Kyunki har roz meri zindgi mei,
Koi tumsa khaas nahi aata,
Aur uss pehli mulaqat se jo,
Khushbu tumhari mere badan par chadhi hai,
Kitna bhi naha lu wo ehsaas nahi jaata.

Pura ghar logon se bhara hua tha, har ek mujhse aa kar mil raha hai aur meraa dukh baat ne ki koshish kar raha tha, shayad yeh baat wo dukh baatne wale bhi jante the aur mai bhi ki unke aisa karne se mujhe jyda koi aaram milega nahi.

Abhi parso ki hi baat thi mai aur shayar baith kar apni shaadi ki photos aur videos dekh rahe the apne tv par, unn tasveeron ko dekh kar aisa lag hi nahi raha tha ki yeh mai aur meri shayar hi hain, kyuki uss baat ko hue ab lagbhag 40 saal ho chuke the.

Meine aur shayar ne ek poori umr saath guzari thi, kitna kuch dekha humne saath meine pehle toh ek dusre ko manaya fir apne apne parivaaron ko, shaadi hui toh fir ek jo toota foota makaan liya tha usse apna ghar kehne layak jagah banane ki zimmedari li.

Jaise jaise waqt badha fir zimmedariyan aur badhi bacche hue fir unki zindgi humse thi aur unki aur apni zindgi ka saath mei samanvay banate banate poori zidngi saath guzar gayi.

Shayar toh aaj bhi mujhe utni hi khoobsurat lagti thi jitni shayad tab laga karti thi, itni ladaiyan karte the hum poore din bas tu-tu mai-mai aur fir aakhir mein wahi ruthne-manane ki koshish chalu.

Par achanak se shayar ne mera saath chodh diya ya shayad zindgi ne uska haath chodh diya, mujhe itna gussa aaya shayar pe kyunki hum dono ne mil kar yeh faisla kiya tha ki pehle main iss duniya se vidaa lunga aur shayar mujhe yaad karte hue

ek kitaab likhegi, hamari kahani ki kitaab, par shayad yeh
zimmedari shayar mujh par chodh gayi.
Khair yeh kitaab bhi jald hi aayegi par shayar ka aise achanak se
chale jaana mere liye meri saans ka cheen jaana jaise tha.
Mujhe uski yaad mein do sabdh kehne ke liye stage par bulaya
gaya aur main bhi poori tyaari se gaya tha ki hamari saari
baatein yahan bataunga aur halka apna gussa bhi zaahir kar
dunga.
Par stage par pahuchte hi meine apna mann badal diya aur bas
kaha...

Ek umr saath guzarne ke baad,
Jab jaa rahi hogi na tum,
Tab na koi gila hoga tumse,
Naa-hi bichadne ka koi ghum,
Bas chehre par ek muskan hogi,
Aur dil mein yaadonn ka wo baksa,
Jisse humne saath mil kar,
Ek poori umr se sambhala hai.

Khoobsurati ki agar ho koi shakl,
Toh wo teri si ho,
Saadgi ki agar ho koi ada,
Toh wo tere jaisi ho,
Muskurahat pe dil fisle mera kisi ki,
Toh wo teri ho,
Aansu nikle agar mere kisi gair ko dekh kar,
Toh wo tujhsa koi ho,
Aakhir mein saboot de koi meri be-intehaa mohbaat ka,
Toh wo koi har janm mein tu hi ho.

Meri har baat humse kiya samvad hi toh hai,
Mera yahan apna kuch bhi nahi hai jaana,
Har baat pe jo tum mujhe chup kara deti thi,
Wo har samvad hi toh yeh kitaab hai jaana.

Sach hai ya mehaz ek veham hai mera

Kya main sach mein pyaar mein hoon,

Yaa yeh mehaz ek veham hai mera

Kya uski khushi mein khush ho jaana,

Aur uske dukh mein dukhi,

Yeh sach hai ya mehaz ek veham hai mera,

Kya uske saath bagiche mein wo haath thaam ke chalna,

Yaa uske kaandhe par mera sir rakh kar so jaana,

Yeh sach hai ya mehaz ek veham hai mera,

Kya uski julf bikher dena,

Yaa mere paas hone se uski payal ka alag tarah se khanakna,

Yeh sach hai ya mehaz ek veham hai mera,

Kya mere har khwaab mei uska hona,

Aur har sapne ka uske saath sach ho jaana,

Yeh sach hai ya mehaz ek veham hai mera,

Shayad yeh sach mein hai,

Shayad main sach mein pyaar mei hoon,

Shayad wo sach mei meri hai,

Yaa yeh sab bhi mere andar ke lekhak ka ek naya veham hai,

Kya pata,

Kya sach aur kya veham hai mera.

Jab bikhre tukde samet raha tha dil ke,

Tab laga nahi tha ki pyaar hoga ab kisi se,

Par jab wo mili toh usne bina koi sawaal kiye saare mere

jawab samajh liye,

Meri haari hui qismat ko khud se joda,

Aur mere saare zakhmon par marham kar diye.

Koshishein kuch karri jo adhoori rahi,
Dil se dil ki jo doori thi wo kam na hui,
Aur laakh koshishein ki meine tera naam chupaane ki,
Par udaas dekh kar sabne kaha,
Kahin firse ussi ki kami toh nahi.

Jab miloge tumhe toh yeh bat-layenge,
Waqt guzra hai kaise yeh samjhayenge,
Bin tumhare yeh shaamein na mehfil bani,
Aur yeh dil fir kisi se laga hi nahi.

Teri yaad aane ka silsila hi kya hai,
Har roz aa jaati hai mere darwaze par,
Apne hone ka ehsaas kara deti hai,
Main tab likh hi raha hota hoon tujhe,
Mere bagal mein baith wo,
Teri meri har ek kahani sunti rehti hai,
Aur tere hone ka ehsaas yunhi taza rakhti hai.

Muqaddar mere ishq ka jahan se juda hai,
Wo shaks jo mere liye khuda se bada hai,
De saku gar jo misalein mohbaat mein fana ho jaane ki,
Mere yaar ki dastaan har dastaan se fana hai.

Inn hawaon mein ek nasha sa aaj kal,
Shayad tu inse milne laga hai aaj kal,
Yeh bewafai mujhse karne lage hain aaj kal,
Jo kal tak khate the kasmein,
Ki sada rahenge saath bhar.

Guzri jo shaamein teri baahon mein kabhi,
Aaj ka har din yaadon ke sahare kat raha hai,
Mushkil nahi tujhe bhulna mere liye sunn zara,
Har din dua hai ki mera har din saath ho tere.

Hum kaabil the tere pyaar ke,
Magar tu mila hi nahi,
Haasil hui wo saari hasratein jahan ki,
Jinhe kabhi tere siwa manga hi nahi,
Aaj sab the saath mere,
Kami sirf teri mehsoos hui,
Har lamha yaad kiya tujhe,
Par haqiqat humesha tujhse juda rahi.

Waqt be-waqt jab teri yaad aai,
Toh har shayari mein tera zikr kar diya,
Aur itna karke bhi,
Jab tu nahi sirf teri yaad hi aai,
Toh guzarte khayal hi tarah tujhe bhula diya.

Wo shaamein bhi kya haseen hua karti thi,
Uss har roz jab tu zara jyda sa qareeb hua karti thi,
Meine samjha tha yeh kissa hai ta-umr ka magar,
Gair ki muskaan bata rahi hai,
Yahi waadey kiye tune usse bhi hain sahi.

Hasratein hui toh har baat pe nazar aai,
Takleefein hui toh har saans mein nazar aai,
Ek mujhse hi jataya nahi gaya dard-e-dil yahan,
Teri har baat mei har dafa bewafai hi nazar aai.

Saari nazmein mohbaat ki tujhpe waar baitha,
Main tujhse ishq lada zindgi tujhpe haar baitha,
Agar hai yeh gunaah mera,
Toh de saja-e-maut mujhe,
Aur agar tujhe bhi hua ishq toh,
Ik baar palat ke dekh mujhe.

Khayal aaya aaj kuch fir se,
Ulajh gaya yeh dil fir uski aarzu se,
Yaadein aati rahi raat bhar aapki,
Takiya bheeg gaya aaj fir hamari siskiyon se.

Akele chalte chalte ek aisa waqt zarur aata hai,

Jab tumhe lagne lagta hai ki tum ab poore ho chuke ho,

Par kya wo waqt sach mei tumhare,

Poore hone ka ehsaas hai,

Yaa mehaz ek miraaz hai,

Kya asal mein tum adhoore hi ho,

Kya tum aaj bhi bhaag hi rahe ho,

Kya tum pehle bhaag rahe the duniya se,

Aur kya aaj tumne bhaagna chalu kar diya hai khud se bhi,

Sawaal jawab ka daur ab khatam hogya,

Zindgi ke fer itne aaye,

Saala main hi khatam hogya,

Aakhir mein mushkilein itni aane lagi,

Ki unki parwaah hi nahi rahi,

Manzilein manzilon par chodh di meine,

Aur apni raah bana,

Main nikal pada ek aur safar pe.

Zindgi tu kab aayegi?

Tanha andheri raaton mein jaagte hue,
Jab neend ka thikana nahi hota,
Tab sochta hoon zindgi tere baare mein,
Yahi ek waqt hota hai mere paas,
Jab tujhse akele baith kar baatein hoti hain,
Din bhar ki bhaag daud ke pare iss waqt mein,
Khudko poora khali kar sakta hoon,
Sab kuch hai yahan mere paas,
Zindgi sirf teri hi kami hai,
Kabhi sochta hoon,
Kya wo vyast wala main hi jyda accha hoon,
Jab zindgi ka toh door,
Khudka hi thikana nahi hota mujhe,
Yahan saare aish aur aaram se ghire hone ka bhi,
Kya fayda jab sab akele hi bhogna hai,
Sukh dukh khushiyaan maayusi,
Zindgi iss safar mein saath dene kab aayegi tu,
Meri humsafar na jaane kab kehlayegi tu,
Mera haath thaam mujhe gale laga kar kab sulayegi,
Subah ho apne gile baal,
Chehre par rakh kar na jaane kab jagayegi,
Aye zindgi na jaane tu kab aayegi.

Kisiko pyaar mein mushilen mili,

Aur kisiko mushkilon se pyaar,

Dono ke liye pyaar ke maayne alag hain.

Apni saachi kahani tum khud hi kehna,
Agar acchi bani toh duniya sarahe-gi,
Aur agar buri bhi bani toh kam se kam,
Kitaab ke panne khaali toh nahi rahenge na.

Kya hua uss pyaar ka jo hua tha kabhi,

Kya hua uss yaad ka jo bani thi kabhi,

Waqt ke fer ne hum sabko dard diye hain,

Magar farq sirf ek hai,

Ki kuch ne firse sawarna seekh liya,

Toh kuch ne bikhar jaane ko hi apna naseeb.

Kya karna sahi rahega?

Aisa kyun hota hai ki,

Sab kuch paa lene ke baad,

Andar se khaali lagne lagta hai,

Wo har ehsaas jo kabhi socha tha ki saath hoga,

Uske hone ke baad bhi har saans adhoori lagti hai,

Yeh waqt ki narazgi hai,

Yaa meri kami pata nahi,

Ab wo log mere saath nahi rehte,

Jinhe main kabhi apna kaha karta tha,

Ab yeh mere aage badhne ka prateek hai,

Yaa mere neeche girne ka pata nahi,

Meine har wo cheez khareed kar dekh li hai,

Jisse door se dekh kar lagta hai,

Isse hone se zindgi kitni haseen hoti hogi,

Aur yeh sab khareed kar hi maalum chala hai ki,

Maza cheezon se nahi milta balki,

Unhe paa sakne ke sukoon se milta hai,

Mujhe ab nahi pata main kaisi zindgi chahta hoon,

Itna sab hai ki ab aur kuch maagne mein sharam aati hai,

Isiliye ab ek dum khaali ho hu mai,

Firse zindgi ke ras se bhar jaane ke liye.

A.

Mehkhaane meri manzil,
Par mehkashi mujhse khafa hai,
Aur apni kitaab mein meine,
Usse likha jo mujhe bewafa hai.

Ab wo mehfil mere kaam ki hi nahi,
Jahan main jaata tha,
Tujhe door se baith kar dekhne ke liye.

Yeh shaamein yeh mausam yeh aasmaani rang,
Yaadein ko taza aur,
Zakhm aur bhi gehre kar rahe hain.

Uski muskan par toh kai marr mite ab tak,
Par uske ghum kisi ne nahi dekhe,
Aur uski mohbaat ke kisso par,
Log aaj bhi marte hain,
Par kisi ne uski bewafai ki kitaabein nahi padhi.

Dil ke har dard ko khamoshi se jataya hai,
Meine tere har kisse ko,
Apni kitaab mein bataya hai.

Kaisa hota hai kisi dil azeez ko kho dena,

Kya hum kabhi bhi uss dukh ka saamna karne ke liye tyaar

hote hain,

Yaa bas baaton mein hi darsha dete hain,

Ki hum tyaar hain unhe jaate hue dekhne ke liye,

Yeh bahut mushkil hota hai,

Kisi aise ko iss duniya se jaate hue dekhna jisse aap har roz

baatein karte the,

Jiske saare utaar chadaav ka aap hissa the,

Kisi insaan se kitna kuch kehna humesha baaki hota hai na,

Kitni jagah jaana baaki hota hai,

Mushkil hota hai iss baat se samanvay bana paana,

Ki ab wo baatein kabhi nahi hogi,

Ab wo saari jagah yaa toh jaa nahi payenge,

Yaa fir akele hi dekhni padegi,

Yaa fir kisi aur dil azeez ke saath,

Kyunki hum kisi ke kitna bhi kareeb ho,

Unke jaane ke baad bhi hamare kuch dil azeez bache hi hote
hain,
Jo chala gaya uska dukh hum bache hue logon ke saath baat
toh sakte hain na,
Aur jo hain wo bhi kabhi na kabhi humei,
Chodh kar chale hi jaayenge isiliye,
Unhe aur bhi jyda pyaar jata sakte hain.

Lekhak ki kahani

Ab tak jo mehsoos kiya wo toh saara likh diya,
Par suna hai lekhak wo hai,
Jisne wo sab bhi likha jo kabhi hua hi nahi,
Kya hai lekhak,
Aur kya hai uss talaq banne ki kahani,
Kya hai kahani,
Aur kya hai na jaane usse keh dene ki jubaani,
Kya hai jubaan kisi kahani mein,
Yaa yeh sirf ehsaason ki hai kalabaazi,
Yeh ehsaas hi hain jo de rahe hain,
Insaani fitrat ko shakl,
Warna jismei ehsaas na ho,
Jismei thoda hi sahi par saala dard na ho,
Wo zinda bhi kya saala khaakh zinda hua,
Aur agar likha nahi wo bhi jo mehsoos kiya tumne,
Toh kya likh paoge wo sab jo hua hi nahi ab tak.

Iss kitaab ko likhte likhte mujhe aisa lag raha hai ki ek zimmedari thi mere kaandho par jo shayad kuch hadd tak utaar di hai meine. Main sirf yeh hope hi kar sakta hoon ki iss kitaab ko padh kar aapki zindgi mein kuch thodi bahut behatri zaroor aayi hogi. Aur agar badlaav nahi bhi aaya ho koi toh kam se kam kisi na kisi baat ko padh ke aap sochne par majboor zaroor hue honge. Aur mera manna hai ki kaam thoda upar neeche ho toh bhi utna fark nahi padta par agar usmei sacchai na ho toh kitna bhi bada kaam barbaad ehsaas hi karwata hai. Inn poetries aur shayaris ke hawale se meine aaj tak jo bhi kuch thoda mehsoos kiya accha bura wo sab poori imaandaari se likhne ki koshish ki hai bas. Mujhe ummeed rahegi aap sabke honest unfiltered feedback ki aur jald hi mulaqat hogi agli kitaab mein shayad kisi nayi kahani mein yaa kuch lines mein milne aata rahunga mein aapse.

"Picture abhi baaki hai mere dost."

www.ingramcontent.com/pod-product-compliance
Lightning Source LLC
Chambersburg PA
CBHW031648170726
47990CB00019B/2914